AF231977

L'ERMITE D'AUTEUIL

AU

PEUPLE FRANÇAIS

LETTRES

SUR L'HISTOIRE DE FRANCE

> Les fautes des rois, des empereurs, et des factions aristocratiques, depuis Louis XIV jusqu'à nos jours, ont été la cause de tous les malheurs de la France.

PARIS

E. DENTU, LIBRAIRE-ÉDITEUR

PALAIS-ROYAL, 17 ET 19 (GALERIE D'ORLÉANS)

1876

L'ERMITE D'AUTEUIL

AU

PEUPLE FRANÇAIS

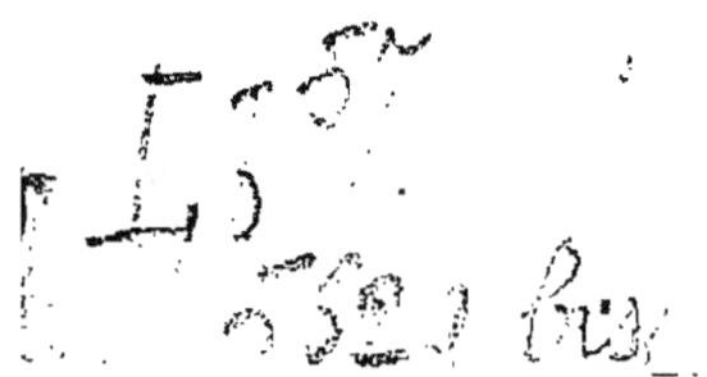

PARIS. — TYPOGRAPHIE LAHURE
rue de Fleurus, 9.

L'ERMITE D'AUTEUIL

AU

PEUPLE FRANÇAIS

LETTRES

SUR L'HISTOIRE DE FRANCE

> Les fautes des rois, des empereurs,
> et des factions aristocratiques, depuis
> Louis XIV jusqu'à nos jours, ont été la
> cause de tous les malheurs de la France.

PARIS

E. DENTU, LIBRAIRE-ÉDITEUR

PALAIS-ROYAL, 17 ET 19 (GALERIE D'ORLÉANS)

1876

L'ERMITE D'AUTEUIL

AU

PEUPLE FRANÇAIS

LETTRES SUR L'HISTOIRE DE FRANCE

OBSERVATIONS PRÉLIMINAIRES

Avant de poursuivre l'histoire du règne de Louis XIV[1],
il me paraît indispensable de faire précéder ce travail
de quelques réflexions générales explicatives de mon
œuvre, de son but, et de répondre à quelques critiques inspirées par ma lettre précédente[2].

1. Plus de 20 millions de Français, malgré nos grands écrivains,
ne connaissent absolument rien à l'histoire de France ; absorbés
qu'ils sont par leurs travaux et par les soins de la famille, ils ne
peuvent lire surtout les longs ouvrages. J'espère leur apprendre
notre histoire à l'aide de mes petites lettres, et leur faire sentir
ainsi la nécessité de maintenir la République.

2. Voir la première lettre sur la vie privée de Louis XIV.

Il existe encore au dix-neuvième siècle, chez une foule de personnes, même instruites, un respect inconcevable pour Louis XIV.—Confondant avec le souverain les grands génies de cette époque, qui méritent toute notre admiration, le dix-septième siècle leur apparaît comme l'âge d'or de la France. Parmi ces personnes, poëtes, historiens, littérateurs, philosophes même, la plupart n'aperçoivent, dans ce règne de soixante-quinze ans, que des actes et des faits inimitables sur lesquels l'histoire, suivant eux, a dit son dernier mot, et la foule, toujours moutonnière, s'incline respectueusement devant leur décision. D'autres comprennent les fautes commises par le souverain et par les chefs de l'aristocratie, mais elles redoutent les effets d'une critique approfondie. Faire descendre ces demi-dieux de leur piédestal, pourrait encourager les âmes faibles à s'écarter du devoir, et faire naître la pensée de les imiter dans leurs erreurs. Cette crainte puérile aurait pour résultat de rendre l'histoire complétement muette sur ce qu'il importe le plus de savoir; — d'après ces trembleurs de la liberté d'écrire, l'histoire serait un miroir trompeur qu'il faudrait couvrir d'un voile chaque fois qu'une ombre viendrait y apparaître.

Nous n'avons, Dieu merci! ni l'enthousiasme des admirateurs, ni la peur qui s'est emparée de beaucoup de personnes très-ignorantes de l'état de la France, et surtout des droits de l'historien et des conditions de cette grande publicité qui appartient au dix-neuvième siècle. Dans notre pensée, se taire lorsque la justice et la conscience parlent, est une faiblesse coupable. — La vérité ne doit jamais s'effacer devant le crime. L'historien, et c'est là son devoir et sa gloire, doit exposer sans faiblesse tout ce qui lui apparaît comme vrai.

« Quand on écrit la vie des gens, a dit Boileau, il ne faut pas les ménager sur ce qu'ils ont de criminel. — J'admire M. Colbert, qui ne pouvait supporter Suétone, parce que cet historien avait révélé les turpitudes des empereurs. — C'est par là qu'il est recommandable aux hommes qui aiment la vérité ; voulez-vous donc qu'on nous fasse des portraits de fantaisie, comme en ont tant fait Scudery et son frère ? » Voilà les vrais principes. — Il importe à la morale publique et aux historiens qui s'efforcent d'en maintenir les règles immuables, que les faits coupables ne soient point ensevelis dans l'oubli. — Le rang suprême ne doit jamais protéger du faux éclat de sa couronne des actes réellement criminels, et, comme l'a dit Bossuet, « les souverains sont *soumis sans cour et sans appui au jugement de tous les peuples et de tous les siècles* .»

C'est fort de l'appui de ces hommes illustres que j'ai entrepris ce résumé de l'histoire des rois et empereurs, depuis Louis XIV jusqu'à Napoléon III. La vérité, toujours la vérité, voilà ma devise. — Néanmoins, il est une objection que quelques personnes m'ont présentée et qui se réfère à l'époque où nous sommes ; est-ce le moment, me dit-on, d'entretenir le peuple des fautes des souverains et des hautes classes de la société, lorsque nous sortons à peine d'événements terribles, fruits des mauvaises passions de la populace ? — Plus les fautes des souverains et de l'aristocratie ont été graves, plus il est dangereux de les rappeler au peuple encore enflammé, tout disposé, suivant ces critiques, à se précipiter dans de nouveaux excès.

Nous répondons que des partis qui se composent de personnes très-passionnées pour le retour de la monarchie ou de l'empire, partis appuyés sur de nombreux journaux, ne cessent de déblatérer contre la république, et de se coaliser pour la renverser, même depuis qu'elle est la loi du pays ; or il nous paraît indispensable d'opposer à ces partis des faits qui prouveront, que si la populace (et non le vrai peuple) a commis des crimes en 93 et en 1871, la monarchie, à partir de Louis XIV, et l'empire jusqu'à Napoléon III, ont commis des actes d'un autre genre, sans doute, mais qui ne sont pas moins graves que ceux reprochés au populaire. — Quelque criminels qu'aient été les excès de 93 et de 1871, ils ont été l'effet d'une trombe qui ravage tout sur son passage, mais l'orage passé, le ciel redevient serein ; nous en avons une preuve manifeste depuis 1873 ; tandis que les trombes monarchiques ne cessent jamais, elles tiennent de leur nature : le despotisme ; — quelquefois le soleil (Louis XIV) brille d'un grand éclat, mais si l'on décompose ses rayons, au lieu d'y découvrir les couleurs de l'arc-en-ciel, l'on n'y aperçoit que du sang, toujours du sang ; et pendant deux siècles, sauf quelques intervalles, la jeunesse française est continuellement sacrifiée à l'égoïsme ambitieux des souverains, et le peuple courbé sous le poids de la misère la plus déplorable. — Vous avez tort de raviver toutes ces fautes en ce moment, me dit-on. Je comprends votre idée : vous voulez attendre que la république soit morte et enterrée par vous, et alors vous nous permettrez de parler.... en vérité, il sera bien temps! — Vous voulez me tuer, et puis après ma mort, vous me direz : parlez, parlez! — Voilà la liberté que la royauté ou l'empire m'accorderait; je me trompe, car si, après ma mort, je voulais ressusciter et parler fier et haut, vous vous empresseriez de me traduire devant les tribunaux criminels.

Non, non, le retour de 93 et de 1871 n'est pas à redouter; — la répression d'ailleurs n'a pas manqué aux coupables, et la populace se gardera bien de recommencer un jeu qui a les galères pour bénéfice. On oublie d'ailleurs une circonstance bien grave à signaler, circonstance exceptionnelle et qui a favorisé extrêmement l'émeute. — C'est la guerre étrangère, l'ennemi à nos portes. — La peur avait saisi toutes les classes aisées; écartez les ennemis, les citoyens n'eussent certainement pas abandonné la capitale, l'armée n'eût pas été forcée de quitter Paris; — les crimes de 1871 nous auraient été épargnés. Ces craintes que les factions monarchiques ou impérialistes manifestent ne peuvent effrayer les gens de bon sens. — En général, ce sont des ennemis de la république qui soulèvent cette objection de la peur : le retour de nos désastres! Espèces de spirites malfaisants, qui se complaisent à projeter sur notre belle terre de France le spectre ensanglanté de la Commune; — d'autres par reconnaissance regrettent une dynastie sous laquelle ils occupaient de grandes positions et brillaient par leur éloquence; d'autres, encore remplis d'illusion, ont pour unique pensée de voir renaître ce temps jadis que, dans leurs rêves dorés, ils caressent avec délices — hostilités ou impuissance, Dieu merci ! la France a parlé haut et clairement.

En résumé, les républicains ont le droit pour eux; leur devoir est de maintenir ce droit. — Ce n'est pas seulement leur intérêt, c'est l'intérêt de la France entière, son honneur y est même attaché; que dirait-on d'un peuple qui, quatre fois en moins d'un siècle, a proclamé et acclamé la république et la sacrifierait de nouveau ?

DEUXIÈME LETTRE

Régence d'Anne d'Autriche. — Première époque.

État général de la France pendant les seize années que la Régence a duré. — Mœurs de la cour.

Maintenant, ô peuple, que, par ma lettre précédente, tu as été complétement édifié sur la vie privée du souverain, il semblerait que nous devons immédiatement t'entretenir de sa vie publique; — mais nous sommes arrêtés tout d'abord par un fait qui tient à l'âge du jeune roi. — Louis XIV avait cinq ans lorsque son père mourut (en 1643); il ne gouverna par lui-même qu'à l'âge de vingt et un ans, le lendemain de la mort de Mazarin (en 1661). Par conséquent, la régence d'Anne d'Autriche dura seize ans. — Il serait injuste de reprocher à cet enfant, roi à six ans, les seize premières années de son règne; toutes les fautes commises doivent donc retomber sur Anne d'Autriche et sur Mazarin, son premier ministre. — Pendant ces seize ans, que s'est-il passé?

Il y a trois époques distinctes à signaler. La première, où la régente gouverne la France d'une manière très-brillante sous le rapport militaire, mais très-blâmable sous le rapport financier et administratif. — La deuxième, appelée la Fronde, ainsi nommée d'une guerre civile dans laquelle les partis divers se battront de loin, et beaucoup plus avec des pamphlets et des satires qu'à coups de fusil, guerre qui cependant ruina et désola la France de 1647 à 1653, et où la misère publique ne cessa de s'aggraver [1]. La troisième fut celle où la paix intérieure étant à peu près rétablie, Mazarin conclut le traité de paix des Pyrénées et gouverna sans obstacle jusqu'à 1659, mais toujours d'une manière déplorable quant à l'intérêt des classes populaires, ainsi qu'à l'ordre public.

Les premières années de la régence, de 1643 à 1647, se distinguèrent par des ambassades et réceptions des princes étrangers (tant Richelieu avait inspiré à l'Europe le respect envers la France), respect que les victoires du grand Condé et de Turenne imposaient

---

1. Montglat, qui a laissé des mémoires intéressants sur l'histoire de France, donne du nom de Fronde une explication curieuse. Il y avait, dit-il, dans les fossés de Paris une troupe de jeunes gens qui se battaient à coups de pierres avec des frondes. Le Parlement rendit arrêt pour défendre cet exercice; et un jour que le Parlement opinait, un président parlant selon le désir de la cour des Tuileries, son fils, qui était conseiller, dit : « Quand ce sera mon tour, je fronderai bien l'opinion de mon père. » Depuis on nomma frondeurs ceux qui étaient contre la cour, c'est-à-dire ceux qui étaient opposés à Anne d'Autriche et à Mazarin.

plus profondément encore à nos ennemis. Au milieu des fêtes brillantes de la cour, et de l'enivrement général de la noblesse et de la finance, la régente et ses ministres s'inquiétaient fort peu de l'administration intérieure, et des misères du peuple. — Si je jette sur cette pauvre France un regard d'ensemble, je ne vois partout que des vols manifestes : Mazarin, Fouquet, Gourville, et tous les hommes de finance, grands et petits, que sont-ils donc? à vous, mes amis, de décider, après m'avoir lu, de l'épithète qu'il convient d'imprimer à leurs fronts. — C'était Cornuel, ancien commis, puis surintendant sous Richelieu, qui avait acquis en quelques années une fortune immense, et enrichi des voleurs ses agents; — Brétonvilliers, ancien receveur des finances à Limoges, qui avait gagné tant de millions, que dans certains retours de conscience il se demandait si l'on pouvait gagner tout cela honnêtement; Labazinière, qui jouait habilement avec Anne d'Autriche; Jeannin de Castille auquel, lors du procès de Fouquet, on fera rendre gorge de huit millions.

Parmi les trésoriers de l'épargne, Picard, qui n'épargnait rien pour *augmenter son trésor*, se rendit bientôt acquéreur du marquisat de Dampierre. — Saint-Évremont, qui chargé de mission dans la Guienne s'enrichit dans le payement frauduleux des troupes. — Arrêtons-nous sur Gourville. Voilà le type le plus complet des financiers de cette époque, appelés aussi traitants. — D'abord valet de chambre dans la famille de la Rochefoucauld, il achète bientôt une terre en Poitou dont il prend le nom; — après avoir été l'agent de Condé pendant la Fronde, à la paix de Bor-

deaux, il passe à Mazarin, c'est-à-dire au vainqueur,
qui paye sa capacité financière d'une pension de
deux mille écus sur les bénéfices; bientôt Mazarin
trouvant qu'il commençait à exercer trop d'influence
sur le prince de Conti le fait mettre à la Bastille; —
mais, retour inespéré de la fortune! Mazarin appré-
ciant sa grande intelligence en tant qu'intrigant des
plus adroits, le fait mettre en liberté. — Le ministre
avait besoin d'un homme habile pour tirer de l'argent
de la Guienne et rentrer dans une somme impor-
tante qu'il avait, disait-il, avancée au roi; — on donnait quatre sols par livre à ceux qui se chargeaient
du recouvrement des tailles de ce pays. — Mazarin
proposa à Gourville d'en faire la recette pour le
compte du roi, moyennant dix à douze mille écus
d'appointements par an. C'eût été établir la perception directe par les soins d'un comptable à traitement
fixe; c'était moins onéreux dès lors aux contribuables.
Gourville aima mieux prendre à son compte cette exploitation. — C'est-à-dire qu'il garantissait au gouvernement le payement de l'impôt, en procédant
comme il le jugerait convenable; — il eut bientôt
trouvé des associés capables et traita avec Mazarin.
Mazarin accepta la proposition de Gourville, parce
qu'il s'engageait à rembourser *à lui, Mazarin,* une
somme de deux millions sept cent mille livres en
quinze mois. L'exploitation marcha très-bien. Mazarin
fut exactement payé. Gourville en retira de si grands
produits, qu'il acquit immédiatement une place de se-
crétaire du roi au prix de onze cent mille livres [1].

____

1. Voltaire, *Histoire de Louis XIV*, t. I⁰ʳ. — Gaillardin, t. II, 252.

Voilà des traitants expérimentés : — et remarquez, mes amis, que c'est le premier ministre de France qui spécule ainsi sur le pauvre peuple ; — on comprend qu'un ministre doué de tant de finesse dans son mode d'administrer sa fortune, devait en laisser une très-arrondie au moment de sa mort ; — elle s'élevait certainement à plus de deux cent millions[1] — en y comprenant les dots à ses nièces, les dons à ses amis et au roi. Nous donnerons dans une note le détail très-curieux de cette fortune commencée, grandie et considérablement arrondie par les sueurs du peuple.

Ce n'est pas tout : les plus hauts fonctionnaires des finances s'associaient aux exploitations des fermiers (Destailles, p. 252), et, par une pression avide et continue, les contraignaient, pour ne rien perdre, à pressurer d'autant plus les provinces.

Pour se pénétrer de la gravité des abus il faut lire, dans l'ouvrage si consciencieux de M. Gaillardin[2], le récit développé de toutes les fraudes que commettaient les hommes les plus marquants de la finance, les Lameilleraye, les Duplessis-Guénégaud, — le comte de Charost, gendre de Fouquet, et Fouquet surtout, et Mazarin encore plus.

« Sire, disait au jeune roi son frère le duc d'Anjou, j'ai perdu mes pistoles, et je n'ai plus rien : permettez-moi d'épouser une de ces petites Fouquettes, car le comte de Charost regorge d'argent depuis son mariage[3]. »

---

1. La note des lettres sur Louis XIV sera insérée à la fin du règne. — 2. Gaillardin, de la p. 234 à la p. 255. — 3. *Eodem.*

On accusait depuis longtemps Mazarin d'exercer la piraterie, et même de l'autoriser par lettres patentes, et pendant la disgrâce momentanée du premier ministre, le jeune roi publia une déclaration (4 septembre 1651), qui constate ce fait d'une manière irrécusable. — « Nous avons appris, dit Louis XIV, par plusieurs plaintes qui nous ont été faites, que les plus célèbres pirates étaient ses meilleurs amis (de Mazarin), qu'il leur donnait retraite dans la plupart de nos ports, à la diminution de notre estime, et qu'il partageait avec eux le butin et le brigandage. »

En admettant qu'il y ait quelque exagération sous ce rapport dans les inculpations dirigées contre Mazarin, il suffira contre sa mémoire[1], « des pirateries incontestables exercées sur terre après son retour, et jusque dans ses derniers moments. Fermier d'impôts, accapareur de charges publiques, cela ne suffisait pas, il préférait l'industrie de fournisseur, c'est-à-dire de revendeur à gros profits. Le roi lui ayant donné la disposition des charges de la maison de la reine[2], il les vendait toutes, jusqu'à celles de lavandières. » Et chose qu'on ignorait, et que les archives de la Bastille publiées par M. Ravaillon ont révélée, il faisait mettre à la Bastille les adversaires de ses combinaisons financières ; — un épicier, « un sieur Niceron, ayant eu l'audace de réclamer contre le monopole de l'huile de baleine, dans lequel Mazarin avait un intérêt, il le fit mettre à la Bastille. »

Des faits historiques nombreux prouvent les désor-

1. M. Gaillardin, t. II, p. 253. — 2. *Id.,* t. II, p. 215. — *Id.,* t. II, p. 258. Ouvrage couronné par l'Académie.

dres financiers de tous genres qui existaient dans le royaume, et les moyens honteux que le gouvernement était obligé d'employer pour parvenir à la perception des impôts.

En 1654, le roi demanda aux états de Languedoc un million et demi, à titre de don, suivant l'usage des provinces à états qui s'affranchissaient ainsi d'une partie des charges publiques. — Les évêques représentèrent que le pays était ruiné par la guerre, que la province ne pouvait donner au delà d'un million ; — pour forcer cette résistance, le gouvernement n'eut pas honte d'employer la ruse et d'obtenir même plus que la somme demandée. — Par le conseil de Gourville, Mazarin annonça que l'armée de Catalogne prendrait ses quartiers d'hiver en Languedoc ; les ordres nécessaires à ces cantonnements furent expédiés immédiatement. — A cette nouvelle, les états effrayés de cette charge supplièrent le prince de Conti de préserver la province du logement si onéreux des gens de guerre. — Le prince répondit : — « que le seul moyen d'obtenir cette grâce était de donner au roi un million huit cent mille livres (trois cent mille livres de plus que ce qu'on avait demandé). Pour échapper aux soldats les états votèrent le *don augmenté.* — Mais il fallait pourtant loger les troupes dont le Languedoc se déchargeait ; elles furent envoyées en Guienne, parce que cette province n'ayant pas d'états, n'avait pas de don à faire, et devait payer sous une autre forme ; on lui imposa d'autorité la plus pénible. — Les corps de magistrature qui trop souvent aspiraient à la popularité, en se déclarant opposants à de nouveaux impôts, consentaient quelquefois à se taire, quand on leur promettait de partager, et les largesses qui soldaient leur silence diminuaient d'autant les revenus de l'État et du roi. En voici la preuve.

Dans cette même année 1654, le surintendant Fouquet rencontrait dans le Parlement une grande opposition aux édits fiscaux. Gourville, fertile en expédients, trouva le secret infaillible d'accorder l'opposition zélée des magistrats avec le consentement à l'enregistrement des édits. — Il ne s'agissait que de gagner ceux des opposants qui entraînaient les autres, et pour cela de leur donner comptant cinq cents écus de gratification, avec promesse d'une somme pareille pour les étrennes. — Il dressa la liste des opposants qu'il fallait gagner avec argent comptant. — Il fut chargé d'entreprendre les plus difficiles, et surtout le président Lecogneux qui s'était montré très-jaloux de l'honneur des cours souveraines et du soulagement du peuple[1]. Lecogneux hésita, marchanda longuement; il fallut lui donner deux mille écus pour achever une terrasse commencée à sa maison de campagne et le surintendant obtint ce qu'il voulait[2]. La magistrature, comme les autres corps de l'État, criait beaucoup, s'opposait en paroles retentissantes, mais en définitive elle enregistrait tous les édits, et, chose étonnante, elle tirait à soi comme la noblesse, et cela est si vrai, que le Parlement en consentant un jour une augmentation sur les tailles, ne donna son adhé-

1. Gaillardin, t. II, p. 246.
2. *Id. Mémoire de Gourville.* Si ce que nous rapportons ici par rapport à la magistrature est fort triste, ce n'était que de très-rares exceptions, et le Parlement n'en a pas moins conservé sa haute réputation de probité en tant que magistrature civile.

sion à l'impôt qu'à la condition que la surcharge ne porterait pas sur les officiers de justice, magistrats, notaires, procureurs, avocats, — en un mot le privilége régnait, dominait, gouvernait tout; c'est à qui se garantirait de l'impôt et du collecteur — (*Gaillardin, tome I*^{er}, *de la page* 270 *à* 288). — Je cherche un gouvernement, je ne vois que l'anarchie. — De tels excès et abus de pouvoir ne passaient pas complétement inaperçus; mais l'influence des financiers dominait le cri public.

Une caricature qui parut à cette époque en Flandre (année 1658), prouve bien l'esprit du temps. C'était un almanach à images qui n'épargnait personne; — « Fouquet et Servien, les deux surintendants, y étaient représentés à une table servie de plats de louis, de pistoles et d'écus; le cardinal Mazarin, du haut bout où il trônait, empêchait le public d'y manger, renvoyant les affamés à l'hôpital; Letellier, dans un coin, tournait la broche, et tirait çà et là quelques lardons d'or pour les donner au roi, » qui était dans la plus grande gêne au milieu de l'opulence des financiers et fermiers des impôts, qui absorbaient toute la fortune publique. Tel était le gouvernement de la régente, quant aux finances, sous le règne de Louis XIV, à partir de la mort de Louis XIII jusqu'à la mort de Mazarin, en 1661.

Quant à la police de l'État, c'était bien autre chose. — Quand on lit la satire de Boileau, on est disposé à croire que le poëte a augmenté le nombre des voleurs et des embarras de Paris pour plaire au lecteur, — erreur. — Le poëte a été au-dessous de la vérité. Tous les historiens s'accordent à déclarer qu'avant comme après le Fronde, — toute espèce de police avait disparu du territoire français; la violence contre les choses et les personnes était assurée de l'impunité à la condition d'être hardie; en vain, le roi publiait des déclarations (avril 1654) pour remédier au brigandage qui désolait toutes les provinces, et déclarait les auteurs et complices coupables du crime de lèse-majesté[1]. Il ne suffisait pas de rendre et de publier des lois contre ces crimes, il fallait pouvoir les réprimer, et le gouvernement était impuissant.

L'administration générale de l'État était si mal organisée et avait des agents si indignes, que le gouvernement ne pouvait pas faire la police, même dans Paris et la banlieue. Le vol à main armée était assez fréquent et autorisé par l'impunité. Les voies de fait étaient des plus nombreuses; à cette époque, on ne les réputait pas de mauvais genre.—Vendôme et d'Épernon se battaient à coups de poings devant la porte de la Reine. — Bragelone, souffleté par Roquelaure, terrassait son ennemi et l'assommait des mains et des pieds à la fois.

Quant aux armées, le désordre était au plus haut degré; mais nous en parlerons plus tard, en signalant les réformes de Louis XIV lorsqu'il prit les rênes de l'État à la mort de Mazarin. Présenter un tableau si triste de la France est désolant et des plus pénibles pour ceux qui aiment la patrie, mais il est indispensable de rappeler ces abus et tous ces désordres en présence des partis extrêmes, qui célèbrent chaque

1. Gaillardin, t. II, p. 228, 231, 234, 235, 236.

jour les vertus du temps passé. Les signaler publiquement, c'est mettre obstacle à ce qu'ils se renouvellent.

Nous venons de faire le portrait des voleurs; quels étaient les volés? Comme les nobles ne payaient pas d'impôts, comme ils étaient exempts de la taille, tout le poids des impôts retombait sur le peuple, le petit marchand, le petit laboureur, le petit fabricant, en un mot les impôts frappaient tous les individus réputés vilains; — en outre, — comme les charges publiques étaient mal réparties, que l'assiette de ces charges ne reposait sur aucune base solide et variait suivant les provinces, les financiers habiles surchargeaient les uns, déchargeaient les autres, suivant leur intérêt personnel; les gratifications secrètes les enrichissaient au préjudice de l'État. « Ainsi se formait cette race de financiers, seuls contents et heureux en présence de la détresse commune et qui bravaient de son faste la pénurie des particuliers et même celle du Roi. » (Gaillardin, t. Ier, p. 260 et suiv.)

Au milieu de ces dilapidations, de ce désordre général, de cette misère publique dont nous venons de tracer le douloureux tableau, un homme apparaît qui vient en adoucir les ombres par son ardente charité.

Toutes les provinces, par suite des guerres, et surtout la Lorraine, étaient dans un état déplorable; — à Metz, à Bar-le-Duc, à Pont-à-Mousson, à Saint-Mihiel et dans un rayon de trente à quarante lieues autour de Paris, en raison des guerres civiles dont nous allons rendre compte, les pauvres affamés se comptaient par milliers. La disette la plus intense se

joignait aux maladies épidémiques, et les paysans
étaient réduits à chercher dans les champs des ra-
cines qu'ils faisaient cuire. — La petite noblesse elle-
même se trouvait dans un état déplorable, et des
jeunes filles vont sacrifier leur honneur pour échapper à la mort. — Car il y a eu des hommes assez vils
pour spéculer sur cette horrible situation[1]. Mais saint
Vincent de Paul veille, il entre en lutte avec ce fléau
de la misère, et s'il ne peut le vaincre entièrement,
il parviendra à en diminuer l'étendue et à sécher bien
des larmes. Pendant qu'on danse à la cour, le saint
homme et ses missionnaires vont de maison en maison, dans toutes les classes aisées; ils envoient dans
les provinces et distribuent les vêtements, le pain,
la viande, et quatre à cinq millions qu'ils récoltent
successivement[2]. Tout ceci se passe au moment où la
discorde éclate entre la cour et la haute magistrature, — et cette misère va se prolonger pendant sept
ans et même pendant toute la régence. — Quelle
anarchie et en même temps quel désordre dans les
mœurs de la cour! quel trouble dans toutes les familles, quel scandale, qu'on ne craint pas d'afficher
publiquement. Voilà les mœurs de la monarchie pendant la régence; voilà, ô peuple! ce qu'on t'offre
comme modèle! — et nous n'exagérons rien.

Un poëte a dit, en parlant de la régence d'Anne
d'Autriche :

> J'ai vu le temps de la bonne Régence,
> Temps où régnait une heureuse abondance,

1. Gaillardin, t. Ier, p. 270 et suiv.
2. Cinq millions représentent au moins vingt millions de notre
temps.

> Temps où la ville aussi bien que la cour
> Ne respiraient que les jeux et l'amour [1].

Louis XIII venait de mourir, et la gravité du deuil disparut vite devant les espérances qui naissaient d'un règne nouveau. — C'était, en effet, un siècle nouveau qui commençait, une aurore qui promettait des jours de bonheur; aurore hélas! suivie de bien des orages! — Il ne se passait pas de jours où il n'y eût sérénade aux Tuileries ou à la place Royale. — La reine allait à la Comédie malgré son deuil. — Le matin visitant les couvents, et le soir au spectacle, à moitié cachée par une de ses dames, tant que le deuil dura [2]. Les victoires du grand Condé donnaient un aliment extraordinaire à cet entraînement pour le plaisir. — Les ambassades des puissances étrangères se succédaient rapidement et donnaient lieu, tant à Fontainebleau qu'à Paris, à des fêtes magnifiques. C'est de cette époque de 1646 que date le premier opéra, composé de musiciens, de chanteurs, de danseurs et danseuses, et de machinistes; et la liberté, disons la licence des mœurs galantes, était portée si loin, que Voiture, dans de petits vers improvisés, fit à Anne d'Autriche une sorte de déclaration d'amour, lui rappelant le temps où elle était amoureuse et ne craignait pas d'évoquer le souvenir de Buckingham. — La reine, loin de se fâcher, trouva les vers jolis, les montra à la cour. — La reine avait pour règle de conduite qu'une

---

1. Saint-Évremont, *Épître à Ninon de l'Enclos* (1674). Mme de Motteville confirme ces pensées du poëte : « Jamais, dit-elle, la France (1647) n'a été plus triomphante qu'elle l'était alors. La cour ne rêvait que spectacles et plaisirs de toute sorte » (*sic*).

2. Mme de Motteville, *M. Gaillardin*, t. Ier, p. 232.

conversation, même amoureuse, n'est jamais répréhensible ; elle souriait au doux langage qu'on lui adressait ; la galanterie régnait en souveraine à la cour, pourvu qu'elle fût unie au bon ton et à l'expression de sentiments chevaleresques. — Lorsqu'une reine de France affiche de pareils principes, on comprend que les éloges prodigués à la beauté et à l'esprit d'une femme, même sous forme d'hommages respectueux, deviennent, en bien peu de temps, un moyen puissant de séduction. — Et les événements de la régence et de tout le siècle de Louis XIV ont prouvé que cette liberté d'adulation est devenue une fièvre épidémique, qui s'est étendue sur la cour et bientôt sur la ville entière, et a été la cause principale de la corruption des mœurs dans presque toutes les familles. Citons d'abord la mère de Condé et de la duchesse de Longueville (la belle Charlotte de Montmorency), qui se vantait d'avoir eu pour amants des papes, des rois, des cardinaux, des maréchaux de France, et qui s'en vantait devant la reine. Belle éducation, et que ses enfants ont admirablement mise en pratique [1].

La belle duchesse de Longueville est mariée à vingt-trois ans au vieux duc de Longueville qui la délaisse pour la duchesse de Montbazon. La duchesse de Longueville résiste d'abord aux adulations des courtisans ; mais au retour de Munster (1647), elle distingue le prince de Marsillac, et cède à ses désirs plus ambitieux qu'amoureux, car ce misérable la trahira un jour, en dévoilant lui-même leur intimité coupable, et osant ·

1. M. Gaillardin, t. 1, p. 243.

avouer qu'il aimait en elle surtout les honneurs qu'elle pouvait lui procurer à l'aide de son frère le prince de Condé. Ainsi double adultère, dans trois familles, car Marsillac était marié et même obtenait par le crédit de sa maîtresse un tabouret à la cour pour sa femme ; quant au vainqueur de Rocroi, enflé de ses succès, rien ne l'arrête dans ses caprices amoureux : il délaisse sa femme, Mme de Richelieu, pour Mlle du Vigean, et voulant l'épouser, il sollicite la nullité de son mariage qu'il n'obtient pas. Bientôt il est épris de la belle comtesse de Châtillon, et entretient des relations intimes avec elle ; il oublie Mlle du Vigean qui se fait carmélite ; il oublie ensuite Mlle de Tousy, et va souper chez Ninon de l'Enclos très-souvent[1].

Nous ne nous arrêtons pas aux désordres publics de Mme de Montbazon, de Mme de Guiménée, d'Anne de Gonzague, connue sous le titre de la princesse Palatine, se déguisant en homme pour courir après le duc de Guise, se faisant appeler hautement la duchesse de Guise, revenant à la cour après ce scandale et reprenant tranquillement son nom d'Anne de Gonzague, puis, chose étonnante ! si l'on peut s'étonner dans ce temps de désordre, épousant le prince Édouard de Bavière, d'où elle a pris le nom de princesse Palatine. Et Ninon de l'Enclos, courtisane, belle, spirituelle, impie, qui avait chaque jour dans ses salons un cercle des premiers gentilshommes de la cour ; et Paul de Gondi, ce prêtre d'une inconduite notoire, coadjuteur de son oncle l'archevêque de Paris, et

---

1. Mme de Motteville, quatrième partie de ses Mémoires, à la date de 1650.

nommé cardinal par l'influence de la reine ; — et les nièces de Mazarin, qui, grâce à leur parenté, vont faire des mariages princiers, et auront, sauf Marie-Anne Mancini, une conduite aussi immorale que celle des femmes que nous venons de signaler ; aussi Saint-Évremont, dont nous venons de citer quelques vers dans son épître à Ninon en 1674, dit :

> Une politique indulgente
> De notre nature innocente
> Favorisait tous les désirs.
> Tout goût paraissait légitime ;
> La douce erreur ne s'appelait pas crime ;
> Les vices délicats s'appelaient des plaisirs.

Quelle morale ! c'est la photographie du siècle en six vers.

TROISIÈME LETTRE

Deuxième époque de la Régence. — La Fronde.

Premier acte de la Fronde dite des magistrats.

Avant d'entrer dans cette partie de l'histoire de France nommée la Fronde, si intéressante, mais si triste, sous le rapport politique et moral, plus triste encore sous les rapports des intérêts complétement sacrifiés des classes populaires, il est indispensable de faire connaissance avec les acteurs qui, dans ce drame, vont figurer au premier rang.

1º Condé d'abord, célèbre par ses victoires, homme de guerre des plus remarquables, mais d'un caractère faible, sans idées, sans plan arrêté sous le rapport politique, homme de foi et d'honneur, et qui va commettre les fautes les plus graves, et même des crimes politiques sous l'influence de son entourage, et surtout de sa sœur la duchesse de Longueville. 2º Gaston, duc d'Orléans, oncle de Louis XIV, homme honnête, peureux, vacillant entre tous les partis, les servant ou les trahissant, suivant son intérêt du moment. 3º Le duc de Longueville, homme d'un esprit léger, qui tantôt se brouille, tantôt se raccommode avec la cour, et veut comme le duc d'Orléans renvoyer Mazarin, homme du reste vacillant comme Gaston, et sans énergie politique. 4º Turenne, plus grand général que Condé, mais moins entrepre-

nant et moins hardi que lui, homme d'honneur
comme Condé, et qui, comme lui, va se laisser entraîner dans la guerre civile par la malheureuse influence de la sœur de Condé.

5° Paul de Gondi, petit-neveu du cardinal de Retz,
archevêque de Paris, coadjuteur de son oncle, et
nommé, quelques années après sa mort, cardinal de
Retz. Destiné contre son vœu à la carrière ecclésiastique, il tâcha, par le scandale d'une vie licencieuse, de
faire renoncer sa famille à ce projet; n'ayant pu y
parvenir, il se mit à étudier la théologie; il se dis-
tingua bientôt comme prédicateur, il remplit d'abord
avec zèle les devoirs de sa charge; mais faisant ser-
vir la religion à ses projets ambitieux, et puissamment riche, il était très-libéral envers les classes populaires, et en était très-aimé; Mazarin s'inquiéta de
cette influence naissante, et bientôt ces deux hommes
devinrent ennemis.

Le coadjuteur, par haine contre le ministre qui
faisait obstacle à son ambition, et qu'il espérait sup-
planter auprès de la régente, contribue par ses intrigues et par l'argent qu'il distribue parmi le peuple, à
faire éclater la Fronde. Prêtre libertin, sa vie s'agite
entre les femmes de la cour et les troubles politiques; là est son élément; tantôt royaliste, tantôt
antiroyaliste; son objectif c'est le chapeau de cardinal.

6° Mazarin, premier ministre, espèce de Gil Blas,
pauvre comme lui, intrigant comme lui, né en 1602
à Piscina dans l'Abruze, d'une modeste famille de
marchands. — Il suivit d'abord la carrière militaire,
servit dans l'armée papale, car alors le pape avait

une armée ; Rome ayant apprécié son caractère souple, fin et délié, l'employa comme diplomate. Il reconnut bientôt que l'état ecclésiastique et la diplomatie étaient, pour parvenir, bien préférables à l'état militaire et il se fit abbé en 1632 ; il obtint une charge de référendaire dans la chancellerie papale, et bientôt parvint à être nommé légat extraordinaire du saint-siége à Paris. Richelieu, qui l'avait remarqué dans plusieurs missions délicates, le fit naturaliser Français en 1639, puis le fait nommer cardinal en 1641, et, au moment de sa mort, le recommande à Louis XIII. — Il hérita de tout le pouvoir de Richelieu. — Par son testament, le roi le nomma membre du conseil de régence, et la reine régente à la mort du roi le nomma premier ministre investi dès lors d'un pouvoir absolu.

Mazarin était déjà dans les bonnes grâces de la reine avant la mort du roi, et, dans son esprit, désigné d'avance comme devant gouverner le royaume sous ses ordres ; mais il exerça bientôt sur elle un empire absolu, quoique déguisé, sous des formes habiles et discrètement amoureuses.

Anne d'Autriche détestait Richelieu ; ses manières hautaines et despotiques l'humiliaient : Mazarin au contraire affecte la plus grande simplicité ; Richelieu avait des gardes et était entouré d'un faste royal, Mazarin a le train le plus modeste, et remplace la fierté du ministre-roi par l'affabilité et les prévenances les plus grandes avec les princes et les grands du royaume. Mazarin, très-habile, avait deviné, qu'en sa qualité d'étranger, de parvenu, ne se rattachant à aucune famille de la cour, il fallait que la souplesse et même l'humilité remplaçât la hauteur de son prédécesseur. Mais plus il s'inclinait, plus il soulevait d'inimitié ou de mépris. Nous allons le voir employer l'adresse la plus persévérante, pour arriver, après bien des événements graves et des revers momentanés, à se placer presque à la hauteur de Richelieu, à force de bassesse et de ruse, malgré ses friponneries avérées.

7° Mathieu Molé, premier président du Parlement, déploya, dans sa longue carrière, une fermeté à toute épreuve; pendant les troubles de la Fronde, il traversa les barricades et, au risque de sa vie, à chaque instant menacée, ayant le pistolet sur la gorge, il parvint momentanément à apaiser les troubles; mais si son courage civil a été admirable contre la populace révoltée, il s'est laissé entraîner, comme tous les magistrats de cette époque, sinon à contraindre, mais à forcer indirectement la régente à céder à des exigences qui étaient en dehors de ses fonctions de juge, ainsi que ses collègues, se constituant d'autorité législateur et mettant ainsi la royauté momentanément à ses pieds.

8° Broussel, conseiller au Parlement, homme à peu près nul comme capacité, mais ennemi déclaré de la cour, opposant intraitable sur tous les édits fiscaux, et comme tel adoré des classes populaires.

Après avoir fait le portrait des hommes célèbres de la Fronde, nous ne devons pas oublier les femmes qui ont joué un si grand rôle à cette époque. En tête nous signalons la duchesse de Longueville, sœur de Condé, la femme la plus belle du dix-septième siècle, ou pour être plus exact, la femme dont la beauté était

si séduisante qu'aucun homme ne résistait à ses char-
mes. C'est pour elle que la Rochefoucauld a fait ces
vers célèbres :

Pour mériter son cœur, pour plaire à ses beaux yeux,
J'ai fait la guerre aux rois, je l'aurais faite aux dieux.

C'est pour elle que le sage Turenne s'est jeté dans
la Fronde; pour parvenir à obtenir ses faveurs, il
s'est rendu coupable du plus grand crime qu'un
homme, et surtout un militaire, puisse commettre
envers sa patrie, en se mettant momentanément à la
tête d'une armée espagnole.

La duchesse de Longueville était, au couvent
des Carmélites où elle a été élevée, signalée par
son extrême piété, et cette dévotion sincère était
portée si loin, qu'à l'âge de seize ans, elle ne consentit,
pour la première fois, à se rendre au bal de la cour
qu'après avoir mis un cilice sous son brillant cos-
tume, voulant se faire pardonner aux yeux de Dieu
le plaisir défendu auquel elle allait malgré elle se
livrer ; mais elle subit bientôt l'influence de son siècle
et surtout des mauvaises mœurs de la cour. Son
mari, beaucoup plus âgé qu'elle, avait pour maîtresse la duchesse de Montbazon, et au bout de quelques années Mme de Longueville devint l'amante du
prince de Marsillac, qui prit le titre de duc de la Rochefoucauld à la mort de son père. La duchesse avait
une affection très-vive pour son frère, le grand Condé,
affection de vanité et d'ambition ; ce fut elle qui, excitée par le prince de Marsillac non moins ambitieux
qu'elle, entraîna son frère dans les actes de rébellion

de la Fronde, et causa ainsi la ruine de la France pendant plus de dix ans.

La duchesse de Chevreuse, née Marie de Rohan Montbazon, célèbre par sa beauté et son esprit d'intrigue, épousa en premières noces le duc de Luynes, et en secondes, Claude de Lorraine, duc de Chevreuse; elle fut exilée par Richelieu, qui redoutait l'affection extrême qu'avait pour elle Anne d'Autriche. La reine étant devenue régente, elle fut rappelée à la cour; elle joua un grand rôle pendant la Fronde, et contribua, comme la duchesse de Longueville, aux malheurs de la patrie.

La princesse Palatine, Anne de Gonzague, aussi belle et aussi intrigante que la duchesse de Longueville, appelée princesse Palatine parce qu'après de nombreuses aventures elle avait fini par épouser le prince de Bavière. Après avoir tracé le portrait des principaux personnages qui vont tristement figurer dans cette partie de notre histoire, arrivons au premier acte de la Fronde.

Anne d'Autriche, après la mort de Louis XIII, continua la guerre contre le roi d'Espagne, Philippe IV, son frère. Cette guerre, entreprise par Richelieu, avait pour but d'empêcher la maison d'Autriche, déjà trop puissante, de s'emparer de l'Allemagne et de l'Italie. On se battait depuis 1635; c'était en Flandre que le fléau de la guerre sévissait dans toute sa force. Les troupes espagnoles, au nombre de vingt-six mille hommes, ravageaient les frontières de la Champagne; elles attaquèrent Rocroi, espérant pénétrer jusqu'à Paris; on leur opposa une armée bien inférieure en nombre, commandée par un jeune homme de vingt

et un ans, Louis de Bourbon, duc d'Enghien, connu
dans l'histoire sous le nom du grand Condé. Je dois
ici entrer dans d'assez longs détails sur les victoires
de Condé, détails indispensables pour comprendre ce
que nous aurons à rapporter des guerres civiles qui
ont désolé la France pendant douze ans et auxquels
ce prince a malheureusement contribué.

D'Enghien avait reçu, avec la nouvelle de la mort
de Louis XIII, l'ordre de ne point hasarder de bataille.
Le maréchal de L'Hôpital, qui lui avait été commis
comme conseiller, voulait obéir aux ordres de la cour.
Le prince n'obéit ni à la cour ni au maréchal, mais
il fit si bien avec Gassion, maréchal de camp, officier
d'un grand mérite, qu'ils parvinrent à persuader
au maréchal qu'une bataille était absolument nécessaire. — Tout était d'avance réglé par le prince qui,
la veille de la bataille, s'endormait comme Alexandre,
et il fallut le réveiller pour combattre. Le prince
gagna la bataille par lui-même, par un coup d'œil
qui voyait à l'instant même le danger et la ressource.
Il était né général. L'art de la guerre était en lui un
instinct naturel. L'infanterie espagnole avait la réputation d'être invincible, elle s'ouvrait avec une agi-
lité, que la phalange des Romains n'avait pas, pour
décharger dix-huit canons qu'elle renfermait au milieu d'elle. Le prince l'attaqua avec de la cavalerie,
l'attaqua trois fois et parvint à la mettre en déroute.
A peine victorieux, rempli d'humanité, il arrête le
carnage[1]. De là il marche sur Thionville, siége que
Richelieu n'avait pas osé entreprendre, et s'en empare

1. Voltaire, t. Ier, p. 242, *Histoire de Louis XIV.*

ainsi que de la ville de Cirq, force les Allemands à passer le Rhin, le passe après eux, attaque, avec Turenne, Merci qui était sous les murs de Fribourg avec une armée supérieure. Le combat dura trois jours ; le duc d'Enghien voulant déterminer la victoire jette son bâton de maréchal dans le camp ennemi et marche pour le reprendre l'épée à la main à la tête d'un régiment. Ce fut la seconde victoire du duc d'Enghien. Philisbourg et Mayence furent le fruit de sa victoire.

D'Enghien retourne à Paris où il est acclamé par le peuple ; mais il apprend que Turenne, tout habile qu'il est, ayant eu l'imprudence de diviser son armée en deux parties, par des raisons stratégiques qui sont restées inconnues, est battu à Mariendal. D'Enghien repart pour l'armée, il attaque Merci, secondé par Turenne dans les plaines de Norlingue, gagne une bataille décisive et Merci est au nombre des morts. Le nom du duc d'Enghien éclipsait alors tous les autres noms. Il attaque ensuite Dunkerque, en chasse l'armée espagnole et fut le premier qui donna cette place à la France. D'Enghien, après ses grands succès, devint suspect à la cour ; on l'envoya en Espagne faire le siége de Lérida, ayant de mauvaises troupes et des troupes mal payées ; il leva le siége ; mais les affaires tournent mal en Flandre, on rappelle Condé et il remporte sur l'archiduc Léopold, frère de Ferdinand III, la célèbre bataille de Lens. Il dit à ses soldats, avec lesquels il avait remporté tant de victoires : « Souvenez-vous de Rocroi, de Fribourg et de Norlingue. »

Ce récit sur les victoires du duc d'Enghien était

indispensable pour comprendre la Fronde. En effet ces victoires excitèrent au plus haut point la jalousie de Mazarin et les inquiétudes d'Anne d'Autriche qui redoutait l'ambition de Condé. Un prince si près du trône pouvait aspirer, au milieu de ses triomphes et de l'acclamation de ses soldats, à se faire déclarer roi. D'un autre côté, malgré les sentiments connus de loyauté du duc d'Enghien, que nous désignerons dorénavant sous le nom de Condé, ce prince pouvait avoir l'ambition légitime d'exercer une influence prépondérante sur les affaires de l'État, surtout pressé qu'il était, harcelé par les ambitieux de second ordre qui l'entouraient et par les passions de sa famille, trois fois fière et enorgueillie de ses succès. Eh bien, toute la Fronde est là, c'est en deux mots notre histoire pendant douze ans, et ce sont tous ces travers des passions humaines mises en jeu, qui ont ruiné la France et déshonoré la Régence et les seize premières années du règne de Louis XIV. Magistrature, princes du sang, grands du royaume, officiers supérieurs, gens d'église entrent en lutte contre la reine, qui se laisse gouverner par Mazarin, protecteur d'un nommé Emery, surintendant, voleur reconnu, et cette lutte devient une arme des plus redoutables contre la reine, et contre son ministre que les frondeurs veulent parvenir à chasser de France. Cette petite guerre commence par la Fronde dite des magistrats ; le drame s'ouvre en France, comme en Angleterre, par la haine des impôts excessifs, par des réclamations contre l'arbitraire et contre les lettres de cachet; par une déclaration des droits du peuple. Le Parlement de Paris veut, à l'imitation du Parlement anglais, être le tuteur des rois, les diriger, faire les lois, contredire les édits présentés par le gouvernement, s'opposer, s'il est nécessaire, à leur exécution : — il prétend que, dans l'origine, les Parlements avaient tous ces droits, qu'il y a eu usurpation de la couronne et qu'il faut revenir aux us et coutumes de l'ancien temps. — Le gouvernement crut qu'en décrétant un lit de justice (15 janvier 1648) il ferait cesser cette opposition ; cet essai de force va donner au contraire un élan plus vigoureux à l'esprit hostile de la plupart des magistrats.

Pendant le cours de ces discussions, la guerre avec les puissances étrangères marchait très-mal ; on criait avec raison contre Mazarin qui foulait le peuple d'impôts, et cependant laissait les armées dans un état déplorable[1]. Le trésor était vide. Dans ce besoin absolu d'argent, Mazarin imagina de vouloir imposer les grands corps de magistrature de la capitale, sauf le Parlement dont il redoutait l'opposition[2]. La cour des aides, la cour des comptes, etc., se refusent à cet impôt et le Parlement, par esprit de corps, se réunit aux autres cours et, toutes les Chambres assemblées, le Parlement rendit le 14 mai 1648 un arrêt célèbre d'union entre toutes les cours de Paris, et déclara s'opposer formellement à l'exécution du projet de Mazarin. C'était une déclaration de guerre contre le premier ministre.

Si Mazarin avait agi avec vigueur, il eût étouffé, comme l'eût fait Richelieu, par un acte d'autorité, ce

1. Tome Ier, p. 324 et suiv. M. Gaillardin.
2. Tome Ier, p. 243. M. Gaillardin.

commencement de révolution ; il fait, il est vrai,
arrêter quelques conseillers, puis il recule, et offre
d'apaiser la reine ; on se rit de ses avances. Cependant le 8 juin il se décide à faire casser l'arrêt d'union
par le conseil supérieur du roi, mais le Parlement
proclame qu'il sera exécuté malgré le conseil du roi ;
s'était l'anarchie. Voilà donc un corps judiciaire, qui
se constitue de lui-même, pouvoir politique s'attri-
buant le droit de gouverner l'État.

Le Parlement vient en corps au Palais-Royal signi-
fier à la reine ses conditions. La reine résiste d'abord,
mais finit par céder. L'arrêt du Conseil suprême est
annulé. On sent ici la main de Mazarin, qui, étranger
et sans appui dans la noblesse et dans le peuple, ne
peut rester premier ministre qu'à l'aide de honteuses
concessions. La reine autorise les délibérations du
corps nouveau parlementaire, qui vient de se créer
lui-même, pourvu que les délibérations soient termi-
nées en une semaine. Ainsi les magistrats étaient in-
vestis, de par le consentement de la régente repré-
sentant le roi, du pouvoir de contrôler le gouvernement, de réformer l'administration, et par voie de
conséquence de faire des lois nouvelles indispensables pour parvenir à cette réforme.

Ces états généraux au petit pied de la magistrature
parisienne, sortis de la réunion des différentes cours
de Paris, ne perdirent pas un moment pour trancher
les questions les plus graves. Voici leurs résolutions
qui devaient être soumises à la grande Chambre du
Parlement qui se considérait comme l'arbitre unique
et suprême : 1° Remettre au peuple le quart des tailles
qui se donnait aux traitants et financiers pour leur

profit. 2° Remettre au peuple ce qu'il devait des der-
nières années par égard pour son insolvabilité.
3° Révoquer les intendants de province qui foulaient
le peuple, et rendre seuls responsables des deniers du
roi les trésoriers de France, les receveurs généraux
et particuliers. 4° Ne plus mettre personne en prison,
sans que passé vingt-quatre heures, le détenu soit in-
terrogé par le Parlement qui, à l'avenir, prendra connaissance des motifs de son arrestation. 5° N'établir ni
impositions ni taxes avant que les édits aient été dûment
vérifiés. 6° Créer une chambre de justice, composée
des quatre cours souveraines, pour juger des abus et
malversations qui se sont faits dans les finances.

Le Parlement se donna à lui-même le pouvoir d'é-
riger en lois ces diverses propositions sans même
consulter le roi. Le 4 juillet, il rend arrêt qui révoque
les intendants de province, comme coupables de vo-
leries et délivre commission au Parlement général
pour informer de la mauvaise administration des
finances. L'arrêt ne faisait aucune mention de la volonté ou du consentement du roi. Il devenait exécu-
toire par la volonté du Parlement désormais législ_
lateur. Il était impossible que la royauté acceptât une
pareille usurpation de pouvoirs. C'était annihiler
complétement le souverain; Mazarin fit concession sur
concession, mais la passion de la réforme dominait
toutes les têtes, c'était un prélude de 89.

Sans doute, quelques principes posés par le Parlement renfermaient de grandes vérités que le temps a
consacrées cent ans plus tard; mais l'usurpation de
la magistrature n'en était pas moins flagrante. Au milieu de ces agitations, le prince de Condé remporte

sur les Espagnols la célèbre victoire de Lens. Anne
d'Autriche et Mazarin virent dans ce grand événement
un moyen de vaincre les troubles de l'intérieur ; elle
voulut faire arrêter plusieurs conseillers et entre
autres Broussel l'idole du peuple, parce qu'il se déclarait hautement l'ennemi de la royauté.

On profita du *Te Deum* chanté à Notre-Dame pour
s'emparer de plusieurs magistrats, croyant que le
peuple serait entièrement livré à la joie populaire : il
en fut tout autrement.

Comminges, lieutenant des gardes, veut arrêter
Broussel. Broussel proteste, et cependant obéissait ;
mais sa vieille servante pousse des cris, elle appelle
les voisins ; à ses vociférations la rue se remplit du populaire en un instant, on réclame Broussel l'ami du
peuple, on essaye de couper les rênes des chevaux, le
combat s'engage avec les gardes qui repoussent les
assaillants ; enfin Comminges parvient à jeter le prison-
nier dans son carrosse et le conduit à Saint-Germain.
Les mutins réclament leur père, les chaînes se ten-
dent au bout des rues, les barricades s'élèvent de
toutes parts, c'est la machine éternelle de guerre des
Parisiens. La reine essaye de ramener la multitude,
elle emploie le maréchal de La Meilleraye et le coadjuteur de Paris Paul de Gondi, qui ne reçoivent que
des injures et des imprécations contre la reine et Mazarin [1].

Exaspérée, furieuse, la régente déclara que loin
de rendre la liberté à Broussel, elle l'étranglerait
plutôt de ses mains. Les soldats lancés contre la

---

1. Mémoires de Gondi, devenu cardinal de Retz.

foule ne réussirent pas mieux que Paul de Gondi et La Meilleraye. On reculait devant eux ; mais comme les chefs hésitaient à tirer sur le peuple, le populaire riait de leurs menaces. L'émeute s'apaisa le soir parce que le coadjuteur avait fait comprendre aux insurgés que leur soumission assurerait la délivrance de Broussel. Mais ayant été informé dans la soirée que la cour le soupçonnait d'être l'auteur de l'émeute et qu'on parlait de le mettre en prison, il se jeta dans le parti opposé à la reine, il passa la nuit à soulever la garde bourgeoise et les barricades recommencèrent avec ardeur. Tout le monde sans exception prit les armes.

Il y avait quatre-vingts barricades sur le chemin du palais de justice au Palais-Royal et le Parlement s'unissait au peuple ; Mazarin inquiet de voir la lutte se prolonger finit par accorder ce que le Parlement demandait, la délivrance de Broussel. Après bien des heures d'attente, Broussel arrive de Saint-Germain ; à la fureur du peuple, succède le délire de la joie. Broussel est porté en triomphe jusqu'à Notre-Dame, où la multitude entonne le *Te Deum*, et les barricades disparaissent aussitôt.

Le Parlement vainqueur ne s'arrête pas dans sa marche ; après avoir fait reconnaître son droit de contrôle sur l'établissement des impôts, il veut obtenir des garanties pour la liberté individuelle ; le peuple de son côté, et le Parlement à sa suite, demandent l'éloignement de Mazarin. Le peuple ne parle de la reine qu'avec mépris, en raison de ses relations intimes avec le premier ministre. La reine se refuse à se priver de Mazarin. Tout à coup elle quitte

Paris pour aller à Rueil, ce qui parut une fuite; Mazarin, devenu plus hardi dès que les barricades ont disparu, fait arrêter Chavigny; ami de plusieurs membres du Parlement. Grande rumeur au Palais; l'on
veut ressusciter l'arrêt de 1617, qui excluait tout
étranger du gouvernement de l'État; alors négocia-
tions nouvelles entre le Parlement et la reine; enfin,
après bien des difficultés, la reine céda, et par une
déclaration du 24 octobre 1648 elle proclama le prin-
cipe de la liberté individuelle et le Parlement enre-
gistra solennellement cette déclaration. Ainsi les magistrats étaient victorieux; ces concessions presque
arrachées à la reine pouvaient-elles être durables?
La Fronde des magistrats paraissait terminée, mais
cet accord n'était qu'un temps d'arrêt, comme ce
calme dans la nature qui souvent précède l'orage;
nous allons voir la Fronde bientôt recommencer avec
plus d'ardeur. Voilà le temps passé! — anarchie!!!
anarchie!!!

QUATRIÈME LETTRE

Deuxième acte de la Fronde.

Deuxième acte de la Fronde. — Fronde de la noblesse, des bourgeois
unis aux magistrats.

Cet accord de la magistrature avec la reine avait
peu satisfait la haute noblesse, qui voulait à toute
force chasser Mazarin. — C'était là son objectif. Les
tergiversations, les concessions successives du ministre l'avaient déconsidéré aux yeux de tous les partis ; un cri général s'élevait contre lui ; partout c'était
concussion et volerie permanente et impunie. La
haute noblesse crut le moment favorable pour perdre
le favori. Mais des généraux sans soldats !! comment faire la guerre ? Les frondeurs s'empressèrent
de s'unir aux bourgeois de Paris. — Par quels moyens
cet accord pouvait-il se réaliser ?

Paul de Gondi, qui aspirait à remplacer Mazarin,
pensa que l'occasion était favorable à ses desseins.
Après les barricades, il avait essayé de gagner à son
parti le prince de Condé, mais le prince lui avait ré-
pondu : « Je m'appelle Louis de Bourbon, je ne veux
pas ébranler la couronne. » — Belle parole à laquelle,
hélas ! il va bientôt donner un éclatant démenti. —
Gondi avait remarqué qu'il y avait *scission* dans la
famille des Condé, et que la duchesse de Longueville,
sœur du prince, exaltée par sa beauté, par son am-

bition et par son influence sur un grand nombre de
seigneurs, était toute disposée à se déclarer contre la
cour. — Il la gagna par ses flatteries ; elle réunit ses
adorateurs et ses affidés, dans son château de Noisy
près Versailles, et là il fut résolu qu'à tout prix il
fallait chasser Mazarin. — Gondi et le duc de Longueville furent chargés de réunir de nouveaux conjurés
contre le trône et la paix publique, dont par naissance et par honneur ils eussent dû être les soutiens.
Gondi, sûr de l'appui de la noblesse, ce qui lui donnait des officiers, indispensables pour diriger les
bourgeois, auxquels il fallait apprendre l'exercice,
se retourna vers les magistrats, membres du Parlement, les plus compromis : Broussel, Longueil et
Viole; se servant ainsi habilement de la magistrature
pour commencer la lutte, et donner au mouvement
révolutionnaire une forme et une force légales. — Et
bientôt le Parlement déclarera qu'il est indispensable d'expulser Mazarin pour couper le mal dans sa
racine. Condé avait été écarté avec soin de ces
réunions de conjurés. Les voies ténébreuses n'allaient
pas à son caractère loyal : il finit par être informé
de la conspiration; il apprit que sa sœur, conseillée
par *Marsillac*, en faisait partie active; mécontent de
ces intrigues, fâché contre sa sœur et contre Gondi,
qui était le grand directeur de cette affaire, il se dé-
clare franchement contre ce projet de révolution, offre ses services à la reine, et lui promet de réduire
Paris en huit jours [1]. — La reine enchantée de l'appui de ce grand vainqueur accepte, et dans la nuit du

____

1. Voltaire, *Histoire de Louis XIV*, t. Ier.

5 au 6 janvier, la reine, le cardinal Mazarin et Condé
se rendent à Saint-Germain.

Le Parlement et les bourgeois furent saisis d'éton-
nement. — La reine avait envoyé au corps municipal
une lettre d'adieux, où elle promettait aux bourgeois
un traitement favorable, s'ils demeuraient fidèles ; —
et en même temps, elle ordonne la translation du
Parlement à Montargis. — Le Parlement et le Corps
municipal veulent entrer en pourparlers, elle n'é-
coute rien, et fait défense à tous les villages des en-
virons de Paris de porter des denrées à la ville. —
Cette rigueur donna l'élan à la résistance, les hésita-
tions des modérés cessent : — frondeurs et bourgeois,
la ville entière court de nouveau aux armes. Quelle
folie de la part de cette reine, dont le premier acte
proclamé par elle est de vouloir réduire Paris par
la famine !

Aussitôt, le Parlement agit en souverain, il lève des
impôts pour soutenir la guerre civile, ordonne la le-
vée des gens de guerre, il impose tous les citoyens,
et s'impose lui-même pour un million. — On se hâte
de publier un livre composé tout exprès pour apprendre aux Parisiens l'exercice du mousquet et de
la pique. — On ne peut s'empêcher de sourire sur
cette armée improvisée en vingt-quatre heures.

Le prince de Conti est nommé généralissime de
cette troupe, qui ne sait pas même présenter les
armes. — Cette guerre peut-elle être sérieuse ? Non.
— Les Parisiens, au lieu de se battre, font des chansons
contre la reine et Mazarin. — L'on promène en triomphe Beaufort qui s'était échappé de Vincennes, Beaufort le petit-fils d'Henri IV et de Gabrielle d'Estrées ;

les femmes de la halle l'embrassent. — Ces troubles
ravissent Gondi. — Il avait organisé un système ré-
gulier d'agitation pour enlever les imaginations populaires. — Vers, pamphlets, satires; la reine et
Mazarin étaient traités dans ces brochures d'une manière épouvantable; malheureusement les relations
intimes de la reine avec le favori permettaient bien
peu de doute.

Gondi, au milieu de tous ces désordres, se trouvait
dans son élément. — Non content de mêler les curés
de Paris à ces luttes politiques, il mettait les fonctions les plus saintes au service de la conspiration;
la parole de Dieu était modifiée, altérée, changée en
cri de guerre. — Mais cette guerre de pamphlets ne
pouvait pas durer, il fallait une solution. — Les
Parisiens finirent par apprendre l'exercice. — Ils sor-
tirent de Paris avec la résolution de marcher contre
les troupes; mais à peine furent-ils en présence de
l'armée royale, qu'ils se retirèrent vite, ne voulant pas
être les premiers, dirent-ils, à tirer sur les troupes
du roi; — d'autres sorties eurent le même résultat.
— Par un prétexte quelconque, on avançait, puis on
rentrait tout doucement et même assez vite dans
Paris. — Le coadjuteur faisait le brave à cheval, il
s'avançait pour protéger un convoi de vivres, mais
rentrait bientôt dans Paris pour siéger au Parlement.
— Décidément, les bourgeois frondeurs ne ressem-
blaient guère à ceux de nos jours.

Ayant fortifié Charenton, qui leur était très-utile
pour procurer des vivres à la capitale, ils y avaient
placé deux mille hommes de leurs meilleures troupes. — Le prince de Condé jugea qu'il était utile de

s'en emparer; quelques volées de canon, et cha-
cun s'enfuit le plus vite possible. — Après de sem-
blables aventures, la guerre de Paris devenait un su-
jet de moquerie. — Les soldats-citoyens s'en pre-
naient à leurs chefs; les généraux accusaient leurs
soldats de s'enfuir au premier coup de feu. — Depuis deux mois on n'arrivait à rien. Le soldat-citoyen
se lassait et de porter le fusil et de donner de l'argent. — Il n'entrevoyait aucun profit dans tout ce désordre, et le Parisien est essentiellement raisonneur
et par suite économe. — Paris, en deux mois, avait
donné aux généraux frondeurs plus d'écus que le
roi ne leur en demandait en un an pour cent mille
hommes. — Le résultat de toute cette guerre, c'était
la misère la plus grande dans la capitale et dans tous
les villages voisins, ruinés, dévastés par les deux
camps; Gondi s'apercevait que son crédit baissait
malgré ses prédications.

Au milieu de ce désordre, une nouvelle terrible
vint trancher tout à coup la question entre la cour
et la ville. — Le 9 février 1649, Charles Ier, roi d'Angleterre, condamné à mort par le Parlement, avait
eu la tête tranchée par la hache du bourreau. — Ce
grave événement donnait à réfléchir aux hommes
modérés du Parlement. — Cette conséquence possible
d'une révolution populaire les effraya, et on revint
doucement à négocier avec la cour : les magistrats
étaient très-disposés à rentrer dans l'ordre. Mais le
prince de Conti, Beaufort, Gondi et autres, craignant
pour eux, se rattachèrent à l'Espagne, avec laquelle
la guerre n'avait pas cessé. — Pressé par les frondeurs, le gouvernement espagnol envoya un message

au Parlement de Paris. — L'Espagne, évidemment, avait intérêt à voir continuer la guerre civile, et elle offrait de mettre à la disposition du Parlement une armée de vingt mille hommes.

Les frondeurs voulaient que l'on acceptât les propositions de l'Espagne. — Ils sacrifiaient la France à la crainte qu'ils avaient de la cour. Les femmes surtout, la princesse de Longueville, excitée par son amant Marsillac, et la duchesse de Chevreuse intriguaient vivement pour l'acceptation des propositions de l'Espagnol.—Mais le Parlement, à une très-grande majorité, repoussa noblement l'alliance avec l'étranger. — « Il laissa la trahison aux princes et aux seigneurs [1]. » —Il décida qu'on ne lirait pas les dépêches de l'envoyé d'Espagne; qu'on les porterait à la reine. — De chaque côté, il y eut des concessions, et la paix fut presque décidée, grâce à la pensée patriotique des magistrats.

Tous les hommes honnêtes se retiraient du parti des seigneurs. — Mais ces bons citoyens restaient néanmoins, ainsi que le Parlement, hostiles au premier ministre, et réclamaient son renvoi. —La reine, affolée de son Italien, se refusait à toute concession. — Dans ce moment critique, les événements se précipitent : Turenne, épris des beaux yeux de Mme de Longueville, réclamait formellement le renvoi du ministre, et déclarait que son armée, ainsi que lui, était prête à soutenir le Parlement. La situation était des plus graves. — Le Parlement accepte l'offre de Turenne, et par arrêt du 8 mars, il autorise la

____

1. Tome Ier, p. 494. Gaillardin.

rentrée de son armée en France. — Ainsi le Parlement usurpait et absorbait complétement la royauté. — Est-ce donc là cet antique gouvernement, si vanté de nos jours? — Anarchie, partout anarchie!

Mais heureux revirement des affaires humaines! — L'armée de Turenne, malgré sa grande affection pour son général, refuse de se déclarer contre la royauté, et Turenne est forcé d'annoncer lui-même son malheur, et en même temps son châtiment, au prince de Condé, et le prie de solliciter sa grâce. — Cet événement réuni à la mort tragique du roi d'Angleterre, change soudain la situation, et malgré les cris du petit peuple contre le premier ministre, et grâce aussi au courage du premier président Molé en présence du populaire qui le menaçait de mort, la paix fut conclue le 13 mars entre la cour et le Parlement.

Faut-il le dire? — Les princes, dans ce moment, jouèrent le plus triste rôle, même un rôle honteux. — Craignant de tout perdre, si la magistrature signait définitivement la paix, ils s'empressèrent de rédiger leurs demandes personnelles, comme condition de leur acquiescement et de leur traité particulier. — «Quel singulier spectacle, s'écrie M. Gaillardin[1], que ces princes et grands seigneurs qui se ruent au pillage (t. Ier, p. 511) pour la seconde fois comme après la mort de Louis XIII. Leur franchise va jusqu'au cynisme; pas un mot pour le peuple, tout pour eux, pour leurs femmes, leurs enfants, leurs amis : des gouvernements, de l'argent, des titres[2]. » Et j'ajoute :

---

1. *Histoire de Louis XIV*, t. Ier, p. 511.
2. 1° A Conti, une place dans le Conseil d'en haut et une ville

voilà l'honneur du système monarchique à cette époque !

Ainsi, ce sont des révoltés qui réclament des indemnités, et même des récompenses ; et le gouvernement, au lieu de sévir, cède à la plus grande partie de ces demandes, ou temporise. — Est-ce là gouverner ? — Pauvre France ! Voilà le gouvernement de désordre permanent qui, sauf quelques années de bonne administration sous Louis XIV, grâce à Colbert, a duré à partir de la mort de ce grand ministre, sous le règne du roi, réputé grand, et durera sous tout le

forte en Champagne ; 2° à Marsillac, devenu duc de la Rochefoucaud par la mort de son père, le tabouret pour sa femme, et pour lui-même 400 500 livres ; 3° à d'Elbœuf, les sommes qui regardent l'entretènement de madame sa femme, le gouvernement de Montreuil pour d'Harcourt son fils ; 100 000 livres pour son autre fils Rieux ; emploi dans la guerre pour Lillebonne, son troisième fils ; 4° à Bouillon, un dédommagement pour la principauté de Sedan ; 5° à la Tremouille, le Roussillon, la seigneurie d'Amboise et le comté de Laval, indépendant de la justice royale ; 6° à Beaufort et à Vendôme, son père, l'amirauté, le rétablissement de leurs pensions, le dédommagement de leurs châteaux rasés en Bretagne ; 7° au maréchal de la Motte, 700 000 livres, sans compter le payement de ses pensions et la restitution de son régiment de cavalerie ; 8° au duc de Retz, la restitution de sa charge de général des galères ; 9° à Noirmoutiers, des pensions ; 10° id. à Matha ; 11° id. à Cognac ; 12 à Fruges, des pensions ; 13° au duc de Luynes, l'arriéré de ses appointements de grand fauconnier et 20 000 écus, pour l'incendie de ses meubles et de sa basse-cour de Lisigny ; 14° au comte de Maure, le Cordon bleu, la révision du procès de Marillac, et en cas de justification de cette victime de Richelieu, le gouvernement de Verdun ou les 50 000 écus payés par le feu maréchal pour ladite charge *. Mme de Motteville, qui rend compte de toutes ces demandes et indemnités réclamées par la haute noblesse, ajoute sans plus de détail : 15° Laboulaye eut de grandes prétentions ; 16° et le marquis d'Alluye en eut d'immenses. .

* Voir Mme de Motteville et Mémoires de Retz.

règne de Louis XV, et jusqu'à la révolution de 1789.
Le 1ᵉʳ avril, le Parlement étant assemblé entendit la
lecture de la déclaration royale, qui promulguait la
paix signée à Rueil. — Les dispositions furent véri-
fiées, et l'édit enregistré par le Parlement. — Il sem-
blait que la Fronde dût être terminée. — Nullement,
la paix n'avait pas fait cesser la misère publique ;
le peuple parisien avait, en outre, une haine contre
Condé, qui l'avait fait souffrir pendant tant de mois,
en cernant la capitale ; — si l'on détestait Condé, on
méprisait la reine et Mazarin, et les libelles les plus
épouvantables continuaient à circuler dans toute la
France, et restaient impunis, en raison de la mauvaise
administration de la police. — Dans la province, la
paix n'était pas plus solidement établie qu'à Paris. —
Bordeaux, Aix, Toulouse, la Guienne étaient presque
en révolution ; en réalité, la guerre civile n'était que
suspendue. — Et tout à coup elle éclatera, par suite
de ces revirements, de ces variations politiques, qui
bouleversent les esprits d'hommes en apparence les
plus opposés à se laisser entraîner dans un état de
désordre permanent. — Condé va être ici le grand
coupable [1].

En terminant pour aujourd'hui ma correspondance,
je ne dois pas, mes chers amis, omettre une observa-
tion essentielle, et qui doit planer sur tout l'ouvrage.
— Je viens de mettre sous vos yeux une partie des

____

1. Les cinquième, sixième et septième lettres contiendront la fin
de la régence, et le commencement du gouvernement personnel de
Louis XIV.

fautes de l'aristocratie nobilière et financière ; elles sont grandes sans doute, mais j'aurai bientôt aussi à signaler les vôtres.

Vous ne devez pas oublier que la grande noblesse a contribué puissamment pendant bien des siècles à la gloire de la patrie. — Elle en était l'âme lorsque vous n'en étiez encore que le bras.

L'aristocratie d'ailleurs est tellement mêlée à votre sang qu'elle tient à votre chair, comme nos humeurs à l'humanité ; et cependant elle est à votre existence matérielle, comme l'oxygène à notre état vital. — En vous séparant d'elle vous seriez frappé de mort ; que feriez-vous en effet de toutes vos industries sans les grandes fortunes qui les développent et les alimentent ? Et vous, jeunes artistes, hommes de génie de l'avenir, qui honorerait et proclamerait les merveilles de vos œuvres, sans l'aristocratie ?

L'histoire que j'écris pour vous a pour but de vous prémunir contre ses envahissements et ses retours dynastiques, mais non de porter atteinte à son existence. — Conservez-la, mes amis, car comme le dit Sully : avec ses manteaux de drap d'or, l'aristocratie porte sur ses épaules ses bois de haute futaye ; elle est donc pour vous la poule aux œufs d'or. — Le meilleur moyen, que cette poule renouvelle chaque jour ce miracle, c'est de la laisser tranquillement l'accomplir sous les plis protecteurs du drapeau de la république.

PARIS. — TYPOGRAPHIE LAHURE
rue de Fleurus, 9

OUVRAGES DE M. DE PLASMAN

OUVRAGES DE JURISPRUDENCE

1. **Traité de contre-lettres.** 3ᵉ édition. — 1 vol. in-8º.
2. **Traité des absents.** 2 vol. in-32. Chez tous les libraires de Jurisprudence.

OUVRAGES POLITIQUES

3. **De l'honneur dans la monarchie constitutionnelle.** (Orléans, Jacob, éditeur.)
4. **Les illusions du temps présent,** lettres à un jeune philosophe républicain. — 1 vol. in-18. Dentu, Palais-Royal.

OUVRAGES DE PHILOSOPHIE RELIGIEUSE

5. **De l'existence de Dieu,** précédée d'une lettre à l'éditeur par Émile Deschamps. — 1 vol. in-18. Douniol, éditeur, rue de Tournon, 29. Ouvrage dédié au peuple.
6. **Saint Pierre ou les Combats d'une âme errante entre le doute et la foi.** — 1 vol. in-18. Douniol, éditeur. 2ᵉ édition.
7. **L'âme ange et démon** ou les méditations d'un solitaire dans Paris. — 1 vol. in-18, Vaton, éditeur, rue du Bac.
8. **Les Strauss français,** lettres critiques sur les doctrines de MM. Littré et Renan. 1 vol. in-18, 3ᵉ édition. Dentu, éditeur, Palais-Royal.
9. **Comment on convertit un mari** à la croyance en Dieu et à l'immortalité de l'âme. — 1 vol. in-18. — Lettres philosophiques. Dentu et Douniol, éditeurs.
10. **D'où vient l'âme ? et comment se transmet-elle ?** suivi d'une lettre au R. P. Hyacinthe, en réponse à sa doctrine sur la paternité. 1 vol. in-8º. Douniol et Dentu.
11. **Les nouveaux Strauss,** lettres à M. de Sainte-Beuve, en réponse à son article publié dans le *Constitutionnel* sur la Vie de Jésus de M. Renan. — Dentu et Douniol, 2ᵉ édition.
12. **Les luttes d'un chrétien entre son cœur et sa foi.** Téqui, éditeur, rue de Mézières, 6.
13. **Lettre critique à Mgr l'archevêque de Malines** à l'occasion du concile. — Douniol et Dentu.
14. **Dieu et l'ouvrier.** Douniol, éditeur.
15. **Des caractères des Français au dix-neuvième siècle.** 2 vol. in-18. Douniol, éditeur.

www.ingramcontent.com/pod-product-compliance
Lightning Source LLC
LaVergne TN
LVHW010325030726
842520LV00004B/1275